L´art de vivre und das große Fragezeichen

von Fritz Heil

AF176605

Fritz Heil

L´art de vivre und das große Fragezeichen

Impressum

Bibliografische Information der Deutschen Nationalbibliothek:
Die Deutsche Nationalbibliothek verzeichnet diese Publikation in der Deutschen Nationalbibliografie; detaillierte bibliografische Daten sind im Internet über http://dnb.dnb.de abrufbar.

© 2022 Fritz Heil

Herstellung und Verlag: BoD – Books on Demand, Norderstedt

ISBN: 978-3-7562-2830-0

Die Lösung des Problems des Lebens merkt man am Verschwinden dieses Problems.

Ludwig Wittgenstein

1. Wieso, weshalb, warum?

Die Antwort auf die Fragen nach dem Wieso-Weshalb-Warum dieser Welt ist, dass es nicht möglich ist, diese Frage zu beantworten. Das heißt nicht, dass es keine Antwort gibt. Es ist nur ausgeschlossen, dass der Mensch diese Antwort findet. Der Mensch ist mit der Geburt in eine Welt geworfen worden, die ihm mit einem großen Fragezeichen und Ungewissheit begegnet. Weder Naturwissenschaften noch Religion sind in der Lage, die Wieso-Weshalb-Warum- Fragen zu dieser Welt zu beantworten.

Die **Wieso-Weshalb-Warum-Fragen** sind all jene Fragen, die nach dem Sinn und Anfang dessen fragen, was es auf der Welt gibt. Diese Fragen sind zum Beispiel: Warum gibt es Energie und Materie? Was ist Zeit und warum vergeht sie? Wenn es Zeit gibt, was war dann zum Zeitpunkt null und was war davor? Sind die Menschen und ihr Bewusstsein nur das Ergebnis von chemischen Reaktionen und Energieflüssen zwischen Materiebausteinen oder doch das Ergebnis eines Planes?

Und wenn es diesen Plan geben sollte, warum ist er so wenig perfekt und die Menschen bekriegen sich und führen sich gegenseitig Leid zu?

Es ist nicht möglich diese Fragen zu beantworten, weil der Mensch ausschließlich Zugang zu den Dingen dieser Welt hat, nicht jedoch zu dem, was sie hervorgebracht hat. Die **Dinge dieser Welt** sind alles, was es auf der Welt gibt und was anwesend ist. Die Dinge dieser Welt sind aus **Materie und Energie** gemacht zum Beispiel Steine, Bücher, Lebensmittel, Licht und Radiowellen. Es gibt diese Dinge nicht nur, sie sind darüber hinaus auch anwesend. **Anwesend** ist alles, was zu einem definierten Zeitpunkt an einem definierten Ort wahrgenommen werden kann. Alles, was aus Materie und Energie gemacht ist, das ist anwesend. Aus der Anwesenheit der Dinge folgt, dass die Dinge dieser Welt mit anderen Dingen wechselwirken können.

Lichtwellen der Sonne können zum Beispiel auf einen Gegenstand stoßen, wie zum Beispiel den Mond. Der Mond reflektiert das Licht, so dass der Mond den Nachthimmel der Erde erleuchtet.

Die Sonne, das von der Sonne ausgesendete Licht und der Mond wechselwirken miteinander und sind damit anwesend.

Die anwesenden Dinge dieser Welt sind jedoch nicht Träger von Sinn. Der **Sinn** ist definiert als Bedeutung und Nutzen unabhängig von der bloßen Anwesenheit eines Dinges. Der Mensch kann zwar erkennen, dass es Energie und Materie gibt und dass Dinge anwesend sind, aber nicht, warum sie so sind wie sie sind und was sie hervorgebracht hat.

Der Sinn der Dinge liegt nicht in den Dingen. Es gibt Materie und Energie. Doch aus den Dingen dieser Welt lässt sich kein Sinn oder ein Rückschluss auf den Ursprung ihrer Anwesenheit ableiten.

Mit naturwissenschaftlichen Methoden können Zusammenhänge und Wirkungsweisen in der Natur verstanden werden, aber sie deuten nicht auf einen übergeordneten Sinn hin.

So breitet sich Licht mit sehr hoher Geschwindigkeit aus und es gibt nichts, was schneller ist als die Lichtgeschwindigkeit im Vakuum. Allerdings gibt es keinen Grund, warum dies so sein muss. Es ist aus einem Lichtteilchen nicht abzuleiten, dass es sich im Vakuum mit einer Geschwindigkeit von 299.792.458 Metern pro Sekunde ausbreitet. Diese Naturkonstante, also die absolute Höchstgeschwindigkeit im Universum, wurde durch Messungen bestimmt. Es hätte auch der doppelte Betrag sein können.

Ein anderes Beispiel ist die Schwerkraft. Mit ihr können sehr viele Effekte in dieser Welt wie die Bewegung von Planeten um die Sonne oder Bewegungen auf der Erdoberfläche verstanden werden. Ein reifer Apfel fällt stets vom Baum zum Erdboden und nicht in den Himmel. Es zeigt sich, dass sich Massen gegenseitig anziehen. Es hätte jedoch auch sein können, dass sich Materie wie gleich geladene elektrische Teilchen abstößt oder dass Materie aufeinander gar keine Kraft ausübt. Dann sähe unsere Welt anders aus und kleinste Materiepartikel würden zusammenhangslos umherfliegen.

Die Schwerkraft und die Lichtgeschwindigkeit als Höchstgeschwindigkeit im Universum wurden entdeckt. Sie sind **Gegebenheiten dieser Welt.** Es gibt sie, ohne dass sie anwesend sind. Das unterscheidet sie von den Dingen dieser Welt. Es gibt Lichtgeschwindigkeit und die Schwerkraft, aber sie sind nicht anwesend, weil sie nicht aus Materie und Energie bestehen und nicht miteinander wechselwirken können. Sie werden als Naturgesetze, Naturkonstanten oder A-priori-Annahmen bezeichnet. Die Gegebenheiten können als Software dieser Welt gedacht werden. Auch aus den Gegebenheiten dieser Welt lässt sich kein Sinn in dieser Welt ableiten.

Das Wissen über die Gegebenheiten dieser Welt kann sehr gesichert sein, so zum Beispiel über die Schwerkraft und über die Lichtgeschwindigkeit. Derzeit deutet nichts darauf hin, dass es die Schwerkraft nicht gibt oder dass es höhere Geschwindigkeiten als die Lichtgeschwindigkeit in dieser Welt gibt. Doch selbst dieses sehr gesicherte Wissen kann eines Tages überholt sein. Wissen über Gegebenheiten dieser Welt haben sich im Laufe der Zeit immer wieder als falsch erwiesen.

In der Antike nahm Euklid zum Beispiel an, dass zwischen zwei Punkten im dreidimensionalen Raum immer eine Gerade verläuft. Mit Einstein und der Relativitätstheorie kam jedoch die Erkenntnis, dass der Raum durch schwere Massen gekrümmt ist. In einem gekrümmten Raum ist die Verbindungslinie zwischen zwei Punkten ziemlich krumm und nie geradlinig im euklidischen Sinne.

Die Gegebenheit des dreidimensionalen Raumes ist auch nicht mit Sicherheit zu belegen. Diese A-priori Annahme, die maßgeblich für das Verständnis der Welt ist, könnte sich einmal als falsch erweisen. Der Raum kann auch mehr als drei Dimensionen haben, die der Mensch bisher nicht wahrnehmen kann. Zwar deutet alles darauf hin, dass unser Raum drei Dimensionen hat. Denn wie sollte man Tischtennis spielen können, wenn man die Bewegung des Balles in drei räumlichen Dimensionen (und in der Zeit) nicht nachvollziehen kann?

Die Tatsache, dass beim Tischtennisspiel die Flugbahn eines Tischtennisballes richtig berechnet werden kann, so dass man den Schläger hinhält und der Ball auf die gegenüberliegende Seite der Tischtennisplatte gespielt wird, ist jedoch noch kein Beweis dafür, dass unser Raum nur drei Dimensionen hat.

Jegliche Gewissheit kann sich als unvollständig oder falsch erweisen. Aus den heutigen Gewissheiten über die Gegebenheiten dieser Welt können keine eindeutigen Antworten zu den Wieso-Weshalb-Warum-Fragen abgeleitet werden. Die Antworten auf die Fragen nach dem Warum von Raum, Zeit und Naturkräften und Naturgesetzen werden dem Menschen für immer verwehrt bleiben.

Aus der Nichtbeantwortbarkeit der Wieso-Weshalb-Warum-Fragen folgt nun keineswegs Beliebigkeit. Es ist nun einmal so, dass der Mensch Sauerstoff und Wasser zum Leben braucht, dass der Apfel auf den Erdboden fällt, dass durch Viren Menschen sterben können und bis 1989 eine Mauer quer durch Berlin führte.

Dieses Wissen ist damit nicht bedeutungslos. Im Laufe des Lebens hat man viele Stunden an der Tischtennisplatte verbracht und dabei eine ziemlich gute Zeit gehabt. Die Menschen wissen, dass sie sich vor Viren und anderen Krankheiten schützen können. Sie nutzen die Schwerkraft in Wasserkraftwerken und wandeln Lageenergie in elektrischen Strom um. Das Wissen ist nützlich, um das Leben zu meistern. Es hilft dem Menschen, den Alltag zu bestehen. Denn selbst wenn die Annahme des dreidimensionalen Raumes und die Wirkung der Schwerkraft sich einmal als ungenau oder gar als falsch erweisen sollten, so können damit Ereignisse beschrieben werden.

Es ist auch nicht so, dass die Beantwortung aller naturwissenschaftlichen Fragen den Menschen bei der Bewältigung des Alltages weiterbringen würde. Denn selbst wenn alle naturwissenschaftlichen Fragen beantwortet wären, wäre noch kein einziges Problem des Lebens gelöst.

Wie sichere ich meine Existenz? Ziehe ich in eine andere Stadt? Wehre ich mich mit Gewalt gegen einen militärischen Angriff oder fliehe ich?

Keine dieser Fragen, vor der Millionen Menschen stehen, kann allgemeingültig aus einem Sinn der Dinge und der Gegebenheiten dieser Welt abgeleitet werden.

Die Suche nach eindeutigen unumstößlichen Antworten führt letztendlich in die Frustration. Im Leben geht es daher darum, sich mit dem **großen Fragezeichen** zu arrangieren. Das große Fragezeichen beschreibt den Zustand des Menschen, der sich der Nichtbeantwortbarkeit der Wieso-Weshalb-Warum-Fragen gegenüber sieht. Da sich der Mensch sein Leben nicht aussuchen kann, ist er gezwungen dieses Leben trotzdem zu meistern.

Dazu muss er sich seine Lebenskunst aneignen. L'art de vivre ist die Lebenskunst. Kunst ist hier als Handwerk zu verstehen, weswegen der französische Begriff verwendet wird. *Art* wird im französischen als Mittel zur Erreichung eines Zieles verstanden. **L'art de vivre** bezeichnet daher die Gesamtheit aller Techniken im Leben, ein gutes Leben zu führen und mit der fundamentalen Enttäuschung durch das große Fragezeichen umzugehen.

Der Mensch steht vor der Aufgabe, das große Fragezeichen zu akzeptieren und trotzdem das Leben anzugehen. Er muss dafür die Wieso-Weshalb-Warum-Fragen überwinden, nicht indem er sie als unwichtig verwirft, sondern indem der Mensch das Leben so führt, dass sie bedeutungslos werden und sie sich wie von selbst beantworten.

Das Leben ist ein Gefängnis, ein lebenslängliches Gefängnis, verflucht noch mal!

Nikos Kazantzakis

2. Unschärfe, Freiheit und Gleichheit

Mit der Untersuchung von kleinsten Materieteilchen wie Elektronen setzte sich die Erkenntnis durch, dass es gar nicht möglich sein kann, die Bewegungsbahn von Elektronen genau zu beschreiben. Kleinste Teilchen haben Welleneigenschaften und ihr Aufenthaltsort zu einem bestimmten Zeitpunkt kann nicht mit Sicherheit gemessen werden. Das Modell von festen Umlaufbahnen der Elektronen, die um den Atomkern kreisen, erwies sich als falsch. Vielmehr kann nur die Aufenthaltswahrscheinlichkeit eines Elektrons zwischen dem Atomkern und der Unendlichkeit angegeben werden. Teile eines menschlichen Körpers, also Elektronen, befinden sich damit mit einer gewissen Wahrscheinlichkeit bereits jetzt auf dem Mond oder dem Mars.

Über eine Menge an Radiumatomen kann gesagt werden, dass die Hälfte von ihnen nach dreißig Minuten zerfallen ist.

Es ist jedoch nicht möglich, die genaue Ursache zu bestimmen, warum ein einzelnes Radiumatom nach nur wenigen Sekunden und ein anderes erst nach mehreren Tagen zerfällt.

Diese Unbestimmtheit liefert eine neue Interpretation der Welt. Ereignisse in der Natur sind nicht das Ergebnis von immer vorhersehbaren linearen Ursache-Wirkungszusammenhängen. Im Kleinsten ist die Antwort auf genaue Fragen nur durch die Angabe von Wahrscheinlichkeiten möglich.

Das führt nun dahin zu sagen, dass unsere Welt darauf angelegt ist, dass bestimmte Fragen, wie der Aufenthaltsort eines Elektrons, nicht mit Sicherheit beantwortet werden können. Die Welt ist auf Wahrscheinlichkeit und Unschärfe gebaut. Die Welt ist bei den kleinsten Dingen so angelegt, dass der Mensch nicht wissen kann, wie sich Materieteilchen ganz genau bewegen. Kleinste Materieteilchen können an mehreren Orten gleichzeitig sein.

Gewissheiten sind damit im Kleinsten dieser Welt nicht vorgesehen. Diese Welt und damit das Leben in dieser Welt besteht aus Zufällen, Wahrscheinlichkeiten und Unschärfe. Um das Leben zu meistern, ist es daher notwendig, sich vom Streben nach Gewissheit abzuwenden und die Unschärfe anzunehmen.

Der Moment dieser Erkenntnis ist für die meisten Menschen bitter. Auf die Wieso-Weshalb-Warum-Fragen kann es keine eindeutigen Antworten geben. Lebensentwürfe, die auf scheinbaren Gewissheiten beruhen, erweisen sich als Wege in eine Sackgasse oder in ein Hamsterrad. Diesen **Moment des Erschrockenseins** kennen die meisten Menschen in ihrem Leben. Er ist unter vielen Pseudonymen wie die „Krise zur Mitte des Lebens" oder „ich bin im falschen Film" bekannt. Dem Menschen schimmert, dass er die Fragen, die er sich schon immer gestellt hat, nicht beantworten kann und nie beantworten wird.

Die Reaktion auf den Moment des Erschrockenseins kann beim Menschen zu ganz unterschiedlichen Handlungen führen.

Manche Menschen machen Weltraumflüge und träumen von Marskolonien, sie nehmen bewusstseinserweiternde Substanzen, sie suchen Antworten in religiösen Erklärungen, in der Wissenschaft oder in Büchern wie Goethes Faust oder sie streben durch Ruhm, Reichtum und Macht einen gottgleichen Zustand an, um die Antworten selbst geben zu können.

Doch die Leere an dieser einen Stelle und der Schimmer, dass die Wieso-Weshalb-Warum-Fragen nicht beantwortet werden können, verschwinden nicht. Kein Reichtum, keine Macht dieser Welt schützt den Menschen vor der Erkenntnis, dass er vor dem Rätsel der Welt genauso unbeholfen dasteht wie alle anderen Menschen auch.

Diese Erkenntnis schmerzt, denn sie macht den einzelnen Menschen klein. Keinem Menschen wird es je gelingen, die Wieso-Weshalb-Warum-Fragen endgültig zu beantworten. Und keinem Menschen bleibt der Moment des Erschrockenseins erspart. Der Mensch ist in eine Welt hineingeworfen, die er nie verstehen wird.

Er kann sich dieser auch nicht verweigern und sich in eine Welt flüchten, die er verstehen kann, auch wenn er es wollte. Der Mensch ist gezwungen, sich in dieser Welt mit dem großen Fragezeichen zu bewegen.

Lässt man die Erkenntnis jedoch auf sich wirken, so folgt auf das Erschrockensein und die Enttäuschung über die Unbeantwortbarkeit der Wieso-Weshalb-Warum-Fragen ein befreiendes Gefühl. Die Menschen sind gleich, weil sie alle das Rätsel dieser Welt nicht lösen können.

Aus Ungewissheit, Zufall und Wahrscheinlichkeit folgt Freiheit. Denn nichts ist absolut vorherbestimmt. Es gibt keinen Plan für ein wahres, gutes und richtiges Leben. Der Mensch ist sich selbst überlassen und gezwungen, sein Leben zu meistern. Der Mensch ist verdammt, ein Leben zu führen und den Alltag zu bestehen, in einer Welt, die er sich nicht ausgesucht hat und die er sich nicht aussuchen kann. Der Mensch hat auf dieser Welt keinen Auftrag, den er erfüllen muss. Es gibt auch keinen Lebensweg, den der Mensch unbedingt einschlagen muss.

Von dort oben zu sehen, wie die Welt entgleitet, ist sehr bedrückend und sehr erschreckend.

Matthias Maurer (Astronaut)

3. Wille und Moral

Die Wieso-Weshalb-Warum-Fragen sind nicht überflüssig und nichtig. Es lohnt sich, sie zu stellen. Denn nur aus der eindeutigen Antwort, dass es keine Antwort geben kann, folgt, dass der Mensch die Wieso-Weshalb-Warum-Fragen überwinden muss.

Aus dem In-die-Welt-Geworfensein folgt die Notwendigkeit, in Freiheit zu leben. Der Mensch kann sich dem Leben nicht verweigern, nur weil ihm diese Welt nicht gefällt. Es mag ein nachvollziehbarer Wunsch sein, in einer Welt zu leben, von der man weiß, wie sie entstanden ist, was sie im Innersten zusammenhält und wie sie funktioniert. Dieser Wunsch wird sich jedoch nicht erfüllen.

Leben heißt handeln und jeder Handlung geht eine Entscheidung voraus. Eine Entscheidung ist Ausdruck des freien Willens eines Subjektes. Der Mensch besteht zwar auch aus Materie.

Doch aus der Fähigkeit, Entscheidungen zu treffen und damit einen freien Willen zu haben, wird aus Materie Leben, aus einem Ding ein Mensch oder aus einem Objekt ein Subjekt.

Entscheidungen sind nicht frei von äußeren Einflüssen, sozialen und wirtschaftlichen Zwängen, materiellen Grundlagen und Diskursen.

Doch wer die Möglichkeit des Subjektes leugnet, sich entscheiden zu können, nimmt eine Welt an, bei der jegliche Willensentscheidung das Ergebnis von chemischen Reaktionen oder sonst einer (göttlichen) Fremdbestimmung ist. Dies ist eine deterministische Weltsicht, bei der jedes Nachdenken und Handeln bedeutungslos wird, denn das Nachdenken über die Welt ist bereits vorherbestimmt und wäre damit nicht durch das Subjekt beeinflussbar. Es gäbe keine eigenen Gedanken.

Wenn alles absolut vorherbestimmt wäre, dann liefe das Leben wie ein bereits fertiggestellter Film ab, ohne dass etwas Unvorhersehbares zufällig sich ereignen könnte und ohne dass das Subjekt selbständig handeln könnte.

Jeder Gedanke und jede Handlung wären dann nur das Ergebnis von Naturgesetzen oder einer anderen Vorherbestimmung. Die Welt muss daher auf Unschärfe und Wahrscheinlichkeit aufgebaut sein, um Freiheit zu begründen. Ohne Ungewissheit und Unvorhersehbarkeit gibt es keine Freiheit.

Der Mensch ist dazu gezwungen, mit dieser Freiheit zu leben, das heißt Entscheidungen zu treffen, denen Handlungen folgen. Damit stellt sich wiederum die Frage, anhand welcher Kriterien der Mensch Entscheidungen trifft. Aus der Erkenntnis der Unbeantwortbarkeit der Wieso-Weshalb-Warum-Fragen folgt nun keineswegs Willkür und die Legitimation eines absolut freien Subjektes, das machen kann, was es allein für richtig hält.

Vielmehr ist der Mensch gezwungen, für sich selbst Maßstäbe zu entwickeln, anhand derer er seine Entscheidungen treffen kann und diese vor sich selbst zu begründen. Jegliches Handeln ist an der Gleichwertigkeit der Menschen zu orientieren, die sich daraus ableiten lässt, dass kein Mensch in der Lage ist, die Wieso-Weshalb-Warum-Fragen zu beantworten.

Alle Menschen sind beim weiten Blick ins Universum gleich klein. Und angesichts der Unmöglichkeit des einzelnen Menschen, die Wieso-Weshalb-Warum-Fragen abschließend zu beantworten, befindet sich die Menschheit in einer Schicksalsgemeinschaft aus der **Brüderlichkeit** erwachsen kann.

Brüderlichkeit bezeichnet jene Handlungen, mit denen Menschen sich dabei unterstützen, das Leben gut zu meistern und ein zufriedenes und freies Leben zu führen. Brüderlichkeit ist dabei eine kulturelle Leistung, die als ethischer Anspruch an das eigene Handeln aus der Schicksalsgemeinschaft der Menschheit abgeleitet werden kann. Sie ist jedoch keine Selbstverständlichkeit, sondern muss von Menschen aus dem gemeinsamen Verständnis dieser Welt als Lebenstechnik erlernt und angewendet werden.

Ist nicht dies der Grund, warum Menschen, denen der Sinn des Lebens nach langen Zweifeln klar wurde, warum diese dann nicht sagen konnten, worin dieser bestand?

Ludwig Wittgenstein

4. L'art de vivre

Das Leben ist die Gesamtheit der Entscheidungen und Handlungen eines Menschen, die sich zwischen Geburt und Tod ereignen und die Gesamtheit der Erfahrungen, also alle wahrgenommenen Ereignisse, die ein Mensch zwischen Geburt und Tod macht. Diese Aussage lässt den Menschen unbefriedigt zurück, weil es kein übergeordnetes Ziel eines einzelnen Menschenlebens gibt.

Das Leben kann sich jedoch nicht in Trauer und Enttäuschung darüber erschöpfen, dass die Wieso-Weshalb-Warum-Fragen nicht beantwortet werden können. Für den Menschen geht es vielmehr darum, die richtigen Techniken zu entwickeln und das Leben so zu führen, dass die Wieso-Weshalb-Warum-Fragen in den Hintergrund rücken.

Sigmund Freud beschreibt die Kultur als die Quelle eines ständigen Unbehagens, da der Mensch seine Triebe sublimieren muss und ihnen nicht uneingeschränkt folgen kann.

Kultur ist notwendig, um das Zusammenleben zu ermöglichen, denn Menschen, die jedem Impuls und Trieb immer und sofort nachgehen, sind in letzter Konsequenz asozial.

Das Unbehagen rührt jedoch nicht aus der Kultur, sondern aus dem Schimmer, den jeder Mensch wahrnimmt, dass die Wieso-Weshalb-Warum-Fragen nicht beantwortet werden können. Jeder Handlung und Entscheidung liegt damit immer Unsicherheit zu Grunde. Das ist das große Unbehagen, was den Menschen sein Leben lang begleitet.

Das Leben meistern ist Technik und damit eine Frage des Könnens, Lernens und des Übens. Der Alltag besteht aus einer Aneinanderreihung von **Anforderungen**, die Entscheidungen und Handlungen notwendig machen.

Wie halte ich mich gesund? Welchen Beruf ergreife ich? Wie wehre ich mich in Situationen, in denen ich ungerecht behandelt werde? Welche Menschen sind mir wichtig im Leben? Und vor allem: Wie führe ich ein zufriedenes und sinnvolles Leben?

Das Leben ist keine mathematische Gleichung mit nur einer exakten Lösung. Die Mathematik ist ein Konstrukt, das mit dem Aufstellen von Annahmen den Anspruch hat, zu eindeutigen Ergebnissen mathematischer Probleme zu gelangen. Sie läuft einer auf Unschärfe und Zufall gebauten Welt zuwider, weil sie Eindeutigkeit anstrebt. Dies mag ein Grund dafür sein, warum viele Menschen mit Mathematik Probleme haben. Sie entspricht nicht dem Schimmer der Menschen, die merken, dass die Wieso-Weshalb-Warum-Fragen nicht beantwortet werden können.

Für das Erlernen der richtigen Lebenstechniken ist es wichtig zu verstehen, dass in den Dingen und in einem einzelnen Mensch selbst kein Sinn liegt. Aus dem, was anwesend ist, lassen sich kein Sinn und kein vorherbestimmter Lebensweg ableiten. Die Dinge und Menschen erhalten ihren Sinn erst dadurch, dass sie in Beziehung zu anderen Dingen oder zu einem selbst gesetzt werden.

Der Sinn im Leben (nicht der Sinn des Lebens) entsteht durch **Beziehungen** (Mensch – Mensch), durch den **Gebrauch** der Dinge (Mensch – Ding) und durch die **Anordnung** von Dingen (Ding – Ding).

Beispiel zu sinnlosen und sinnhaften Beziehungen (Mensch – Mensch)

Ein Mensch kann in einer großen Menschenmenge wie in einem Stadion sein und sich fragen, warum zehntausende Menschen auf eine Rasenfläche sehen, in der Fußballer winzig klein neunzig Minuten hinter einem Ball herrennen. Diese Situation macht keinen Sinn. Es ist laut und man sieht von der Tribüne überhaupt nicht, was sich auf dem Rasen ereignet. Diese Situation macht erst dann Sinn, wenn der Zuschauer eine Beziehung zu den Fans neben sich und zu den Fußballspielern auf dem Platz aufgebaut hat. Dann fiebert er auf den Sieg seiner Lieblingsmannschaft hin und fühlt mit den Fans neben sich bei Sieg und Niederlage mit.

Beispiel zu sinnlosem und sinnhaftem Gebrauch (Mensch – Ding)

Ein Blatt Papier kann als Müll auf der Straße liegen und stören. Dort macht es keinen Sinn. Es kann einen Menschen sogar ärgern, weil es die Straße verschmutzt. Ein Blatt Papier kann jedoch als Notizzettel gebraucht werden oder zu einem Papierflieger gebastelt werden und ein Spielzeug sein. Damit erhält das Blatt Papier seinen Sinn.

<u>Beispiel zu sinnloser und sinnhafter Anordnung</u>
<u>(Ding – Ding)</u>
Ein Metallstab kann sinnlos sein, wenn er nur in
der Ecke liegt. Schließt man diesen Metallstab
jedoch an einen Radioverstärker an, dann wird
der Metallstab zu einer Antenne. Die von
Radiostationen gesendeten elektromagnetischen
Wellen werden zu hörbarer Musik, die dem
Menschen einen sinnhaften Zeitvertreib beschert.

Die Frage nach der Sinnhaftigkeit der Welt wird
in dem Moment überwunden, in dem es einem
Menschen gelingt, Situationen sinnhaft zu
gestalten. Die **Situation** ist definiert als die
bestehenden Beziehungen zu anderen Menschen,
der Gebrauch der Dinge und der Anordnung der
Dinge zu einem Zeitpunkt x an einem Ort y.
Wenn es gelingt, sinnhafte Beziehung aufzubauen,
Dinge sinnhaft zu gebrauchen und Dinge
untereinander sinnhaft anzuordnen, dann hat der
Mensch eine sinnhafte Situation geschaffen.

Die Situationen, in denen alles Sinn macht und die
Ordnung für einen Moment perfekt erscheint,
erzeugen ein ozeanisches Gefühl. In diesen
Situationen sind die Wieso-Weshalb-Warum-
Fragen von selbst beantwortet.

Sie verschwinden, weil der Moment so perfekt ist. Er ist perfekt, weil sich alles so fügt, wie man es schon immer gewünscht hat. In diesem Moment sind alle Bedürfnisse befriedigt.

Umgekehrt gibt es Situationen, die einem Menschen sinnlos erscheinen. Es kann ein immer wiederkehrender Streit in einer Liebesbeziehung sein, von der beide Partner wissen, dass sie schon lange zu Ende ist. Es kann ein Arbeitsauftrag sein, von dem man weiß, dass er zu keinem sinnvollen Ergebnis führt. Es kann der Blick auf den Reichtum anderer Menschen sein, während man selbst Existenzsorgen hat.

Diese Situationen, von denen der Mensch spürt, dass sie keinen Sinn ergeben, sollten verändert werden. Dabei sollte man nicht der naiven Annahme folgen, dass es tatsächlich möglich ist, alle sinnlosen Situationen zu verändern.

Wie gelingt es nun jedoch, das Leben zu meistern und sinnvolle Situationen zu gestalten? Auf diese Frage gibt es keine allgemeingültige Anleitung. Es kann sie auch gar nicht geben. Der Mensch ist dazu verdammt, diese Frage für sich selbst durch die Aneignung von Techniken zu beantworten.

Er muss Lebenstechniken ausprobieren und üben, kann experimentieren, sich etwas bei anderen abschauen, sich Kritik stellen, sich Techniken anlesen, sie mit Freunden und Bekannten besprechen und im Gespräch Lebenssituationen durchgehen und für sich bewerten.

Die **Plauderei** spielt hierbei eine wichtige Rolle. Denn im Grunde geht es beim Plaudern immer darum, sich über Situationen im Leben auszutauschen, sie zu bewerten und für sich die richtigen Schlüsse zu ziehen, wie diese Situation durch Lebenstechnik gestaltet werden kann.

Situationen sinnvoll gestalten heißt auch, dass der Mensch sich in für ihn unbekannte Situationen begeben kann, um seine Lebenstechniken zu trainieren. Das Leben ist ein andauerndes Training. Der Mensch muss Lebenskünstler werden, damit es ihm gelingt, mit den Situationen im Leben fertig zu werden und sie im besten Sinne für sich sinnvoll zu gestalten.

Ausgangspunkt sollte immer das Erkennen der eigenen **Bedürfnisse** sein. Bedürfnisse sind all jene Wünsche und Verlangen, die einen Menschen animieren, Entscheidungen zu treffen und zu handeln. Diese können sich nach Lebenslagen verändern, sie können miteinander interferieren oder sich sogar widersprechen. Als Kind war man früh morgens wach und hatte das Bedürfnis zu spielen, als Erwachsener hat man das Bedürfnis lange auszuschlafen.

Es kann zwischen körperlichen und sozialen Bedürfnissen unterschieden werden. Zu den körperlichen Bedürfnissen gehört zum Beispiel das Bedürfnis nach Essen, Schlaf und körperlichen Berührungen. Zu den sozialen Bedürfnissen gehört zum Beispiel das Bedürfnis nach Anerkennung, Unterhaltung, Erfolg und Trost. In einem mehrdimensionalen Bedürfnisraum, in dem jedem Bedürfnis eine Achse zugeordnet ist und anhand der Intensität der Ausprägung eingetragen werden kann, lässt sich eine ganz individuelle **Bedürfnisdisposition** darstellen, die einen Menschen zu einem definierten Zeitpunkt auszeichnet.

Bedürfnisse sind nicht ausschließlich natürlich gegeben, sondern können durch Erfahrungen, materielle Grundlagen, gesellschaftliche Umstände und Diskurse geprägt sein.
Doch woher sie genau kommen, ist letztendlich für das Lebenshandwerk unerheblich. Der Mensch ist Träger von Bedürfnissen.

Nach dem Erkennen der eigenen Bedürfnisse geht es nun darum, diese durch Lebenstechniken zu befriedigen. Der Mensch hat das Bedürfnis nach Wohnen und Essen und dazu braucht er Geld. Das heißt, er muss sich eine Technik aneignen, um an Geld zu gelangen, zum Beispiel durch den Verkauf seiner Arbeitskraft.

Arbeit und damit die Beziehung zu einem Unternehmen oder Kunden macht dann Sinn, wenn sie darauf ausgelegt ist, die Bedürfnisse zu befriedigen, deretwegen man dieser Arbeit nachgeht. Hat man ein hohes Vermögen zum Beispiel in einem Glücksspiel gewonnen, dann macht Arbeit keinen Sinn, wenn sie allein darauf ausgelegt ist, Geld zu verdienen.

Arbeit kann jedoch weit mehr Bedürfnisse befriedigen als allein das Verdienen von Geld.

Arbeit kann die Bedürfnisse nach sozialer Anerkennung, nach dem Verwirklichen persönlicher Interessen oder nach gemeinschaftlichem Handeln befriedigen. Arbeit kann daher auch Sinn machen, wenn die Existenz bereits durch einen Geldgewinn im Glücksspiel gesichert ist.

Andere haben das Bedürfnis, Macht über andere auszuüben, sie zu quälen und zu unterdrücken. Die Welt ist leider voll von Menschen, die diese Bedürfnisse haben und denen es sogar gelingt, diese auszuleben (American Psycho).

Eine ethische Beliebigkeit von Handlungen, die nur auf eine individuelle Befriedigung von Bedürfnissen ausgelegt ist, darf es deshalb nicht geben. Die Aneignung der Lebenstechniken darf sich nicht allein aus der individuellen Bedürfnisbefriedigung ableiten, sondern muss Grenzen finden.

Diese liegen in der Erkenntnis, dass alle Menschen gleich sind, da es keinem Menschen gelingen kann, die Wieso-Weshalb-Warum-Fragen zu beantworten.

Es gibt keinen Übermenschen oder gottgleiche Person wie in der griechischen Mythologie, aus der sich Ungleichheit ableiten ließe.

Für die Lebenspraxis heißt das nicht, dass Ungleichheit per se unmöglich ist. Beim Sport gibt es einen Trainer und Sportler. Die Beziehungen zwischen Trainer und Sportlern ist von Ungleichheit geprägt. Ungleichheit kann für eine Beziehung akzeptabel sein, wenn sie auf einem **fairen Tausch** beruht und alle Beziehungspartner die Möglichkeit haben, diese Beziehung zu beenden. Ein fairer Tausch ist definiert als eine Abmachung, bei dem die Beziehungspartner nach dem Tausch ein höheres Niveau der Bedürfnisbefriedigung erreichen, als wenn sie diesen Tausch nicht eingegangen wären.

Dieser Tausch könnte so lauten: Der Sportler hat das Bedürfnis, körperlich fit zu sein und mit seiner Mannschaft sportlichen Erfolg zu haben und akzeptiert daher, dass der Trainer das Training leitet und die Taktik vorgibt. Der Trainer hat das Bedürfnis, durch gutes Training und eine geschickte Taktik sportlichen Erfolg zu generieren.

Dieser Tausch ist für den Sportler fair, solange der Trainer ein wirkungsvolles Training macht. Ist das Training zu lasch oder die Taktik schlecht, dann macht das Training für den Sportler keinen Sinn.

Für den Trainer macht das Training Sinn, wenn Spieler Motivation und Ehrgeiz zeigen, so dass sich der sportliche Erfolg einstellt. Sind die Spieler unmotiviert, so ist das Training für den Trainer reine Zeitverschwendung.

Die Befriedigung der eigenen Bedürfnisse darf nie dazu führen, dass ein anderer gleichwertiger Mensch in der Befriedigung der eigenen Bedürfnisse eingeschränkt ist. Diese Einschränkung darf nur in einem Verhältnis vonstattengehen, das beide als fair empfinden und das jederzeit aufgelöst werden kann.

Auch in einer Liebesbeziehung zu einem oder mehreren Menschen geht es darum, die eigene Bedürfnisbefriedigung mit der Befriedigung der Bedürfnisse eines oder mehrerer anderer Menschen in ein Gleichgewicht zu bringen.

Die Beziehungspartner müssen das Gefühl haben, dass das Leben zusammen mehr Sinn macht, als wenn man allein oder mit einem anderen Menschen durchs Leben ginge.

Die Welt, in die der Mensch hineingeworfen ist, ist sehr komplex, da eine sehr hohe (aber endliche) Zahl an Menschen und Dingen miteinander in Beziehung gestellt werden können. Es gilt im Leben also die Fähigkeit zu entwickeln, sich auf einer planetaren Umlaufbahn zwischen den Dingen und Menschen im Leben zu bewegen.

Die planetare Umlaufbahn ist physikalisch dadurch gekennzeichnet, dass die Schwerkraft zwischen einem Planeten und einem Stern und die Umlaufgeschwindigkeit des Planeten um den Stern (und damit die an dem Planeten wirkende Fliehkraft) den Planeten auf einer festen Bahn halten. Planet und Stern wechselwirken miteinander.

Um das Leben gut meistern zu können, ist es daher notwendig, alle Menschen und Dinge zu identifizieren, die auf einen selbst eine Schwerkraft ausüben.

Schwerkraft bedeutet hierbei im übertragenen Sinne, dass von Menschen und Dingen eine Kraft ausgeht, die das eigene Leben (also Entscheiden und Handeln) beeinflusst. Das sind all jene Menschen und Dinge, die einen Mensch nicht völlig kalt lassen, sondern mit denen der Mensch wechselwirkt.

Das können der Sport, Freunde, Familie, Arbeitskollegen, Musik, die eigene Wohnung und ihre Einrichtungsgegenstände, der eigene Garten, das Fahrrad usw. sein.

Gelingt es die Beziehung zu diesen Menschen, den Gebrauch und die Anordnung der Dinge so zu gestalten, dass man sich wie ein Planet aus dem Zusammenspiel der Kräfte und ohne größeres Zutun durch ihre Kraftfelder bewegt, so ist der Moment erreicht, in dem das große Fragezeichen in den Hintergrund tritt und von dem Schimmer der Ungewissheit außer einem leisen Grundrauschen nichts übrig bleibt.

Ist dies gelungen, so kann der Mensch ein sinnvolles Leben führen, und das große Fragezeichen tritt nur als Schimmer in seinem Leben auf.

Er hat das große Fragezeichen beiseitegelassen. Es ist ihm gelungen, aus der eigenen Lebenspraxis, dem eigenen Leben einen Sinn zu geben. Ist die planetare Umlaufbahn im Leben einmal etabliert, dann kann der Mensch entscheiden, wann er mit Hilfe der Schwerkraft einen **Fallschirmsprung** oder gegen die Schwerkraft einen **Weltraumflug** aus der planetaren Umlaufbahn wagt.

Fallschirmsprung und Weltraumflug sind Lebenstechniken, die das Bedürfnis nach „Sich-ganz-etwas-hingeben" (Fallschirmsprung) oder nach Veränderung und Abenteuer (Weltraumflug) widerspiegeln. Richtig eingesetzt können sie Teil der Lebenstechniken sein, mit denen der Mensch seinen Alltag meistert und Situationen seinen Bedürfnisse nach gestaltet.

L'art de vivre heißt, dass die Wieso-Weshalb-Warum-Fragen nur durch Handlungen in den Hintergrund treten werden. Sie werden dann beantwortet, wenn sie sich durch eigene Lebenspraxis nicht mehr stellen. Es kann daher keinen letzten Gedanken in diesem Text geben, denn aus diesem würden sich wieder neue Fragen ergeben.

Am Ende bleibt nur eine Empfehlung: Legen Sie den Text beiseite und probieren Sie aus, was sie schon immer machen wollten, am besten zusammen mit den Menschen, die Ihnen wichtig sind!

Literaturverzeichnis

Aristoteles (2016): Physik, Berlin

Einstein, Albert (2009): Über die spezielle und allgemeine Relativitätstheorie, Berlin

Freud, Sigmund (2007): Das Unbehagen in der Kultur, Frankfurt am Main

Heidegger, Martin (2006): Sein und Zeit, Tübingen

Heisenberg, Werner (2019): Quantentheorie und Philosophie, Stuttgart

Kant, Immanuel (1998): Kritik der reinen Vernunft, Hamburg

Kazantzakis, Nikos (2012): Alexis Sorbas, Hamburg

Wittgenstein, Ludwig (2014): Tractatus logico-philosophicus, Frankfurt am Main